Las estrellas

Linda Aspen-Baxter

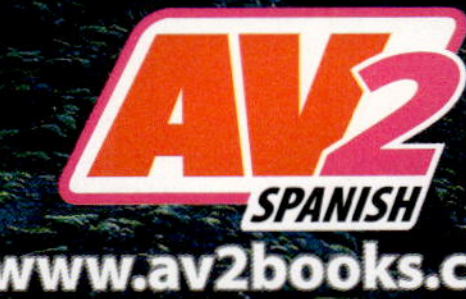

www.av2books.com

Paso 1
Ingresa a **www.av2books.com**

Paso 2
Ingresa este código único
AVH22623

Paso 3
¡Explora tu eBook interactivo!

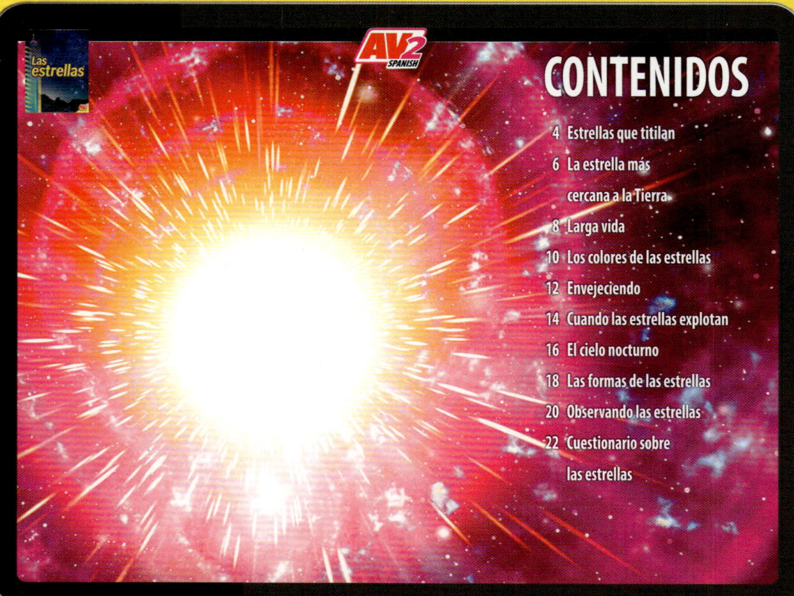

AV2 es compatible para su uso en cualquier dispositivo.

Tu eBook interactivo trae...

Contenido
Examina la página de contenidos para navegar fácilmente por los recursos

Audio
Escucha las secciones del libro leídas en voz alta

Videos
Mira videoclips informativos

Enlaces web
Obtén más información para investigar

Presentación de imágenes
Mira las imágenes y los subtítulos

¡Prueba esto!
Realiza actividades y experimentos prácticos

Palabras clave
Estudia el vocabulario y realiza una actividad para combinar las palabras

Cuestionarios
Pon a prueba tus conocimientos

Comparte
Comparte títulos dentro de tu Sistema de Gestión de Aprendizaje (LMS) o Sistema de Circulación de Bibliotecas

Citas
Crea referencias bibliográficas siguiendo el Manual de Estilo de Chicago

Este título está incluido en nuestra suscripción digital de Lightbox

Suscripción en español de K–6 por 1 año
ISBN 978-1-5105-5935-6

Accede a cientos de títulos de AV2 con nuestra suscripción digital.
Regístrate para una prueba GRATUITA en **www.openlightbox.com/t**

Las estrellas

CONTENIDOS

Estrellas que titilan

Las estrellas titilan en el cielo nocturno. Su luz viene de muy lejos. Las estrellas están compuestas por **gas** y polvo. Parecen pequeñas desde la Tierra porque están muy lejos pero, en realidad, las estrellas son muy grandes. Algunas son hasta más grandes que el Sol. La **masa** de algunas estrellas puede llegar a ser 10 veces más grande que el Sol. Otras estrellas son mucho más pequeñas.

Comparación del tamaño del diámetro de las estrellas

Aldebarán
38 millones de millas
(61 millones de km)

Arturo
22 millones de millas (35 millones de km)

Sol
864 000 millas (1,4 millones de km)

Próxima Centauri
120 000 millas (193 000 km)

La estrella más cercana a la Tierra

El Sol es la estrella más cercana a la Tierra. La luz del Sol tarda ocho minutos en llegar a la Tierra. La Tierra está a 93 millones de millas (150 millones de kilómetros) del Sol. La luz de las otras estrellas tarda más en llegar a la Tierra porque están mucho más lejos. Después del Sol, la segunda estrella más cercana a la Tierra es Próxima Centauri.

La luz de **Próxima Centauri** tarda **4,2 años** en llegar a la Tierra.

Larga vida

Las estrellas viven miles de millones de años. Con el tiempo, se enfrían y cambian de color. La **energía** fluye desde el centro de la estrella. Esto la hace brillar. Las estrellas se clasifican por su color y luminosidad, o brillo.

Algunas estrellas parecen brillar menos, pero es porque están más lejos que las demás. Cuanto más grande sea la masa de la estrella, más corta será su vida.

Los colores de las estrellas

El Sol es una estrella amarilla. Cuando comience a enfriarse, se transformará en una estrella roja. El color de las estrellas varía. El color que **emiten** depende de su **temperatura**.

El Sol es un tipo de estrella llamada enana amarilla. A medida que se enfríe, se irá convirtiendo en un gigante rojo antes de volverse blanco.

Temperatura y color de las estrellas
Azul
49 940–89 540°F
(27 727–49 727°C)
Azul-Blanca
17 360–49 940°F
(9627–27 727°C)
Blanca
12 860–17 360°F
(7127–9627°C)
Amarilla-Blanca
10 340–12 860°F
(5727–7127°C)
Amarilla
8360–10340°F
(4627–5727°C)
Anaranjada
5840–8360°F
(3227–4627°C)
Roja
3140–5840° Fahrenheit
(1727–3227° Celsius)

Envejeciendo

Algunas estrellas se encogen y se vuelven blancas cuando envejecen. Cuando dejan de enfriarse, se vuelven negras.

Cuando las estrellas comienzan a enfriarse, pueden aumentar su tamaño. A medida que queman sus gases, comienzan a perder capas. Con el tiempo, la mayoría de las estrellas se vuelven negras y mueren.

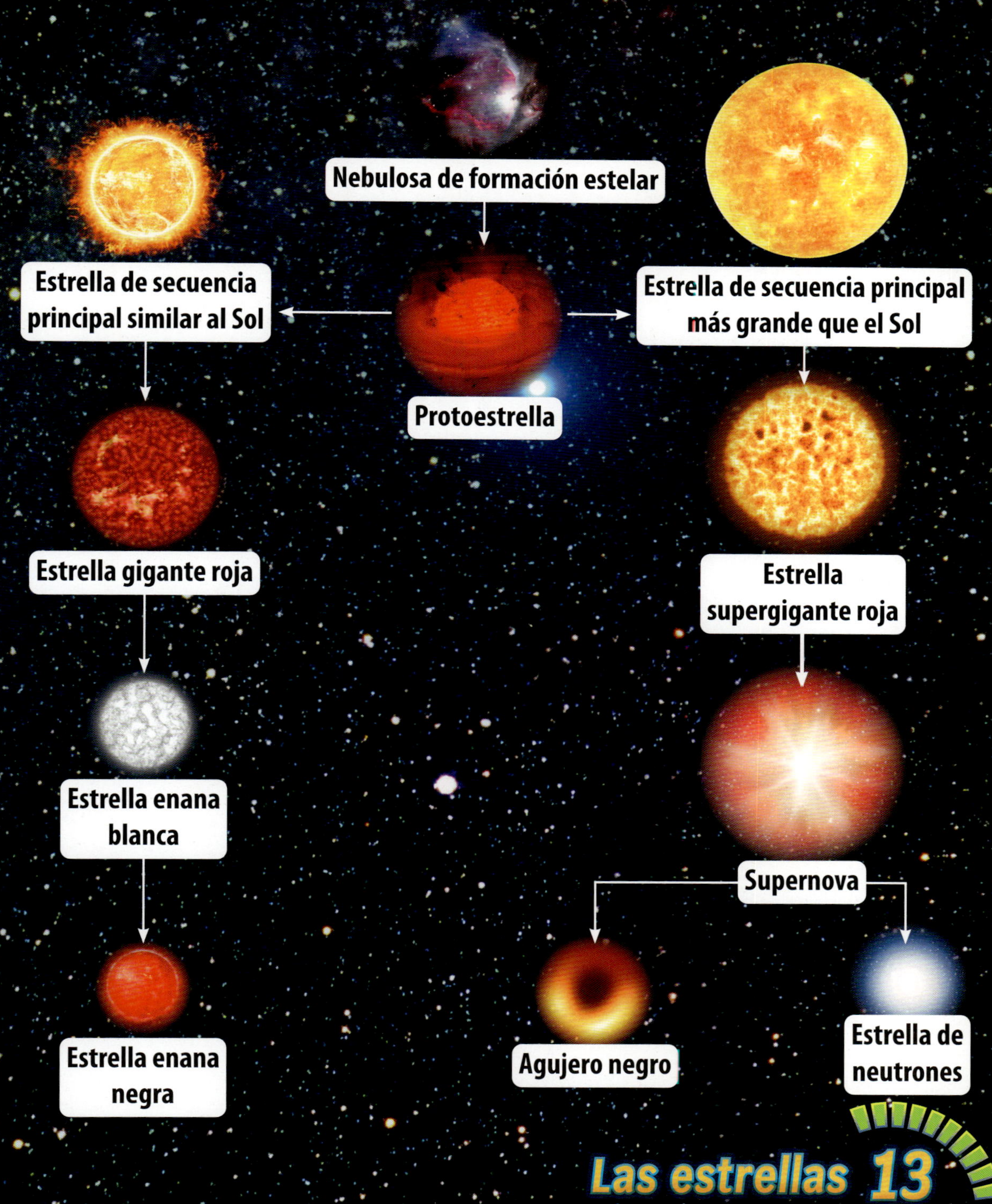

Cuando las estrellas explotan

Algunas estrellas grandes viven menos que otras estrellas. Cuando están vivas, brillan mucho y se queman. Luego, explotan. Las estrellas más **masivas** se llaman hipergigantes. Tienen una masa 100 veces más grande que la del Sol y emiten mucha más energía. Pero queman esta energía rápidamente y su vida se reduce a solo unos pocos millones de años. Al morir, generan una feroz explosión llamada supernova.

El cielo nocturno

Las estrellas se pueden ver fácilmente desde la Tierra cuando el cielo está oscuro. Cuando hay luna llena, se pueden ver menos estrellas. Los observadores de estrellas suelen viajar a lugares donde el cielo es muy oscuro, lejos de las luces de la ciudad. Las luces de la ciudad pueden bloquear la **visibilidad** de las estrellas hasta una distancia de 200 millas (322 km).

Se pueden ver unas **2000 estrellas** a simple vista.

Las formas de las estrellas

Un grupo de estrellas puede dibujar una forma en el cielo. Esta forma se llama constelación. En la antigüedad, la gente veía imágenes cuando observaba las estrellas. Imaginaban líneas que unían a las estrellas, creando formas que ahora se conocen como constelaciones.

Hay 88 constelaciones diferentes en el cielo. En el **hemisferio** norte se ven constelaciones diferentes de las que se ven en el hemisferio sur. Antiguamente, los viajeros utilizaban las constelaciones para encontrar su rumbo, tanto en tierra como en el mar.

Hemisferio norte

En el hemisferio norte, la constelación Osa Menor contiene una estrella llamada Polaris. Esta estrella es la más cercana al polo norte celeste.

Hemisferio sur

En el hemisferio sur, la Cruz del Sur, perteneciente a la constelación Crux, se usaba para encontrar el sur. Su barra más larga une a las estrellas Gacrux y Acrux y apunta al polo sur celeste.

Observando las estrellas

A veces, se usa un **telescopio** para observar a las estrellas en el cielo nocturno. Nadie sabe con certeza cuántas estrellas hay. Al igual que muchos observadores de estrellas, los astrónomos utilizan telescopios para ver a las estrellas lejanas. Estos grandes telescopios se encuentran en edificios llamados observatorios. El Observatorio Lowell de Arizona, creado en 1894, es uno de los más antiguos de los Estados Unidos.

Algunas personas viajan a **Flagstaff, Arizona**, para tener una vista más clara de las estrellas por la noche.

Cuestionario sobre las estrellas

1
¿De qué color son las estrellas más calientes?

2
¿Cuál es la estrella más cercana a la Tierra?

3
¿Cómo se llaman las estrellas más masivas?

4
¿Qué tipo de estrella es el Sol?

5
¿Cómo se llama la forma que puede tener un grupo de estrellas en el cielo?

6
¿Cómo se llaman los edificios donde hay grandes telescopios?

7
¿Cuándo se creó el Observatorio Lowell de Arizona?

8
¿Cuántas estrellas se pueden ver a simple vista?

RESPUESTAS

1. Azul **2**. El Sol **3**. Hipergigantes **4**. Una enana amarilla **5**. Constelación **6**. Observatorios **7**. 1894 **8**. Unas 2000

Palabras clave

emiten: liberan algo como luz o calor

energía: fuerza útil

gas: sustancia que puede expandirse, a diferencia de las sustancias sólidas o líquidas

hemisferio: la mitad de un planeta, como la Tierra

masa: medida de la cantidad de materia de un objeto

masivas: considerablemente grandes o pesadas

telescopio: herramienta con un sistema de espejos o lentes que se usa para ver objetos a la distancia

temperatura: grado de calor o frío de un objeto

visibilidad: capacidad de ser visto fácilmente

Índice

Obtén lo mejor de los dos mundos

AV2 acorta la brecha entre lo impreso y lo digital.

La barra de herramientas de recursos expansible permite acceder rápidamente a los contenidos, que incluyen **videos**, **audios**, **actividades, enlaces web**, **presentaciones de imágenes**, **cuestionarios** y **palabras clave**.

Los **videos animados** hacen que las imágenes estáticas cobren vida.

Los íconos de los recursos de cada página ayudan a los lectores a **explorar los conceptos más importantes**.

Published by AV2
276 5th Avenue, Suite 704 #917
New York, NY 10001
Website: www.av2books.com

Library of Congress Control Number: 2021936428

ISBN 978-1-7911-4060-1 (hardcover)
ISBN 978-1-7911-4061-8 (multi-user eBook)

Printed in Guangzhou, China
1 2 3 4 5 6 7 8 9 0 25 24 23 22 21

042021
101720

Designer: Ana María Vidal
Project Coordinator: Sara Cucini
Spanish Editor: Translation Services USA LLC

Photo Credits
Every reasonable effort has been made to trace ownership and to obtain permission to reprint copyright material. The publisher would be pleased to have any errors or omissions brought to its attention so that they may be corrected in subsequent printings. AV2 acknowledges Getty Images as its primary image supplier for this title.

 Encuentra nuevos títulos y videos de productos en www.av2books.com